RENOUVELLEMENT

DE

STATUTS ET RÉGLEMENS

DE LA COMMUNAUTÉ des Maîtres Marchands Tanneurs, Hongroyeurs de la Ville & Fauxbourgs de Paris, agréés, ratifiés & homologués par Lettres-Patentes, pour être suivis & exécutés à toujours par tous les Maîtres de la Communauté.

Enregistrés en la Cour de Parlement par Arrêt du 23 Janvier 1741.

ARTICLE I.

PERSONNE ne pourra être reçu Maître Tanneur, Hongroyeur de la Ville, Fauxbourgs & Banlieue de Paris, qu'il n'ait fait apprentissage, au moins cinq années, chez un des Maîtres de la Communauté, & qu'il n'ait servi depuis chez les Maîtres, en qualité de Compagnon, au moins deux années, & n'ait fait Chef-d'œuvre en présence des Jurés & des quatre Anciens.

I I.

Aucun Maître Tanneur, Hongroyeur ne pourra avoirplus d'un Apprentif, qui s'obligera par Acte passé pardevant Notaires,

A

en préfence des Jurés , lequel Acte fera regiftré fur le Livre de la Communauté dans la quinzaine , & payera ledit Apprentif la fomme de cinquante livres à la Communauté, non compris les droits de l'Hôpital & autres , conformément à la Déclaration du Roi du 12 Novembre 1692.

I I I.

Si pendant le temps dudit Apprentiffage le Maître vient à mourir , il fera permis à la veuve , au cas qu'elle continue le commerce , de retenir l'Apprentif chez elle pour lui faire achever fon temps ; & fi le Maître n'étoit que garçon ou veuf , & qu'il vint à décéder , les Jurés auroient foin de placer l'Apprentif chez un autre Maître , pour achever fon temps d'Apprentiffage ; fauf à l'Apprentif fon recours contre la fucceffion de fon premier Maître , au cas qu'il l'eût payé en entier , & eu égard au temps qui défaudroit pour fon Apprentiffage.

I V.

Lorfque l'Apprentif aura fait fon temps , & qu'il aura fervi les Maîtres en qualité de Compagnon pendant deux années , il ne fera reçu Maître qu'en faifant Chef-d'œuvre , ainfi qu'il eft dit en l'Article premier , & en payant à la Communauté la fomme de fix cents livres , non compris les frais de réception, Lettres de Maîtrife , & autres droits accoutumés , conformément à la fufdite Déclaration.

V.

Les fils de Maîtres dont les peres auront paffé les Charges , feront reçus en payant à la Communauté cinquante livres , ceux dont les peres n'auront point paffé les Charges , payeront deux cents livres , non compris les autres droits ; le tout conformément à la Déclaration de 1692.

V I.

La Communauté continuera d'élire tous les ans, à la pluralité des viox , & en préfence de M. le Procureur du Roi , en la ma-

niere accoutumée, un Juré au lieu & place de celui qui sortira,
en sorte qu'il y ait toujours deux Jurés en place.

VII.

Toutes les Marchandises tannées tant bœufs que vaches, veaux,
bazannes & autres seront portées à la Halle aux cuirs, pour y être
vues & visitées, marquées & vendues au plus offrant & dernier
encherisseur, à tous Marchands qui se présenteront, tant de la
Ville, que de la Campagne; & à cet effet, seront tenus les Jurés de
se trouver à la Halle pour visiter & marquer, tant lesdites Marchandises, que celles qui seront apportées du dehors, sans prendre aucun droit : auront cependant les Bourliers, les Corroyeurs
& les Cordonniers de Paris le droit de préférence & de retenue
sur toutes les marchandises, en payant le même prix que celui
porté par la déclaration de l'acheteur & du vendeur.

VIII.

Comme le Cuir d'Hongrie, dont l'usage est devenu si nécessaire
& si utile au public, est d'un apprêt différent des cuirs tannés &
de nature à ne pouvoir être transporté à la Halle sans l'exposer à
perdre sa fleur & qualité, lesdits Jurés se transporteront chez lesdits Maîtres, au moins une fois le mois, pour faire leur visite & examiner s'ils employent les matieres convenables à la fabrique dudit cuir d'Hongrie, comme bon alun, bon suif, bon sel, tel qu'on
le distribue à la Gabelle tous les mois; & en cas de contravention lesdites marchandises & matieres seront saisies & confisquées
au profit de la Communauté.

IX.

Il sera permis aux Bourliers, suivant l'article XXXI. de
leurs Statuts de faire & fabriquer du cuir d'Hongrie pour leur
usage seulement, sans qu'ils puissent en vendre à qui que ce soit,
ni en faire aucun commerce, à peine de confiscation; & seront
lesdits Jurés Tanneurs autorisés à faire la visite chez lesdits Bourliers, en prenant toute fois l'Ordonnance du Lieutenant-Général de Police.

A ij

X

Les Marchands Forains ne pourront vendre pareillement les cuirs d'Hongrie qu'ils ameneront à Paris, que préalablement lesdits cuirs n'ayent été vus & visités par lesdits Jurés ; à peine de confiscation au profit de la Communauté & de cent livres d'amende.

XI.

Il est expressément défendu à toutes personnes sans exception, dans la ville de Paris, Fauxbourgs & Banlieue, Privilegiés ou prétendus tels, autres que les Maîtres Tanneurs, Hongroyeurs, de fabriquer ou faire fabriquer aucune sorte de cuirs, soit tannés, soit hongroyés, & défenses sont faites ausdits Maîtres Tanneurs, Hongroyeurs ou veuves de prêter leur nom directement ou indirectement à qui que ce soit pour faire ledit commerce ; le tout à peine contre les contrevenants de confiscation & de cent livres d'amende.

XII.

Il est expressément défendu à tous Maîtres de la Communauté de débaucher les Compagnons des uns des autres, & nul n'en pourra prendre sans un congé ou consentement par écrit du Maître de chez qui le Compagnon sera sorti, à moins qu'il n'eût été absent de chez ledit Maître depuis six mois ; à peine de cent livres de dommages & interêts au profit du premier Maître, cinquante livres d'amende envers le Roi, & de vingt livres d'aumône au profit de l'Hôpital Général, le tout payable par le second Maître, & le Compagnon solidairement.

XIII.

Défenses sont faites ausdits Maîtres Tanneurs, Hongroyeurs de faire enlever aucuns cuirs provenants des abbatis des Bouchers, s'ils ne sont bons, loyaux & marchands, sans queues, mufles, pattes, ni os dans les têtes, conformement aux anciens Reglemens ; & en cas de contestation les Jurés seront tenus d'intervenir & prendre le fait & cause de la Communauté pour faire observer lesdits Réglemens.

XIV.

Pareilles défenses sont faites à tous Tanneurs, tant de cette Ville de Paris, que Forains & Etrangers, d'acheter aucuns cuirs provenants de l'abbatis d'un Boucher qui les auroit vendus à un autre par marché, ferme pour six mois ou un an, & dont il y auroit marché par écrit bien & duement notifié ; à peine d'être responsables solidairement avec le Boucher de toutes pertes, dommages & intérêts, & sera permis audit cas au Tanneur qui sera fondé en marchés, de saisir & revendiquer lesdits cuirs par tout où il les trouvera.

XV.

Il sera à l'avenir établi & loué aux frais de la Communauté un Bureau dans lequel tous les Maîtres seront tenus de s'assembler selon le mandement du Juré comptable, pour délibérer & donner leur avis sur les affaires qui seront proposées concernant leur Communauté ; à peine de trente sols d'amende contre les absens, s'ils ne sont empêchés par maladie ou ne justifient d'autres excuses legitimes.

XVI.

Il y aura dans ledit Bureau un coffre ou armoire fermant à deux clefs, dont une sera remise ès mains du Juré comptable, & l'autre ès mains du Doyen de la Communauté, dans lequel coffre ou armoire seront renfermées toutes les pieces & titres concernant la Communauté, dont le juré comptable se chargera au bas d'un bref inventaire, pour le remettre après son année de Jurande, à celui qui sera comptable après lui.

XVII.

Lesdits Maîtres Tanneurs, Hongroyeurs seront au surplus conservés & maintenus dans tous leurs droits, privileges & exemptions, conformement aux anciens Edits, Déclarations, Arrêts & Lettres Patentes qui leur ont été accordés par les Rois prédecesseurs de SA MAJESTE'.

A UJOURD'HUI font comparus pardevant les Confeillers du Roi, Notaires au Châtelet de Paris, fouffignés, les Sieurs Etienne Bouillerot, Doyen, demeurant rue Cenfier, Jean Dorigny, Juré comptable, rue du Pont aux Biches, Nicolas Bouillerot, Juré, demeurant rue Fer à Moulin, Nicolas Bouillerot l'aîné, demeurant rue d'Orléans, Pierre Bouillerot l'aîné, demeurant fufdite rue Cenfier, Jean Boudon, demeurant rue Cenfier, Louis Genneau l'aîné, Nicolas Genneau, demeurant rue Cenfier, Joseph Bouillerot l'aîné, demeurant rue de Lourfine, Nicolas Genneau, demeurant rue Cenfier, Guillaume Michelin, demeurant rue Fer à Moulin, Guillaume Bouillerot, demeurant même rue, Jean-François Huguet, demeurant rue Cenfier, Louis Genneau le jeune, demeurant même rue, Medart Bouillerot, demeurant rue Cenfier, Pierre Bouillerot du Farouin, demeurant rue du Jardin du Roi, Joseph Bouillerot le jeune, demeurant rue Mouftart, Paroiffe S. Martin, & tous les autres fufnommés, Paroiffe S. Medard; Louis Joffet, demeurant rue Fer à Moulin, François Huguet, demeurant rue de Lourfine, Pierre Bouillerot le jeune, demeurant rue Fer à Moulin, Michel Genneau, demeurant rue Cenfier, Baptifte Genneau, demeurant rue Fer à Moulin, Joseph Liennard, demeurant rue de Lourfine, Nicolas Bouillerot le jeune demeurant rue Fer à Moulin, Edme-François Huguet, demeurant rue du Jardin du Roi, Jacques Bouillerot de Lonchamps, demeurant même rue, Nicolas Millet, demeurant rue Cenfier, Jean-Baptifte Michelin, demeurant rue Mouffetart, tous Paroiffe S. Medard; Etienne Bouillerot le jeune, demeurant rue Mouffetart, Paroiffe S. Martin, Jean Jugel, demeurant rue de Lourfine, Thomas Huguet, demeurant même rue, Mathieu Chevalier, demeurant rue Cenfier, Bonnaventure Bouillerot, demeurant même rue, Charles Dorigny, demeurant rue Fer à Moulin, Louis Joffet le jeune, demeurant même rue, tous de la Paroiffe de S. Medard de Paris, & Joseph Bouillerot Sieur du Péray, demeurant rue de Lourfine même Paroiffe S. Medard.

Tous Maîtres, Marchands Tanneurs, Hongroyeurs de la Ville de Paris, affemblés au Bureau de ladite Communauté.

Lefquels après avoir pris lecture des Statuts & Réglemens des

autre parts écrits , contenus en dix-sept Articles , ont dit & déclaré qu'ils se soumettent à l'exécution desdits Statuts & Réglemens , promettant les garder & observer en tout leur contenu ,
& sous les peines y portées , même de faire faire pareille soumis-
sion par ceux qui pourront être admis par la suite à la Maîtrise.
Fait & passé à Paris au Bureau de ladite Communauté chez ledit
sieur Jean Dorigny , Juré comptable , sise rue du Pont aux Biches ,
l'an mil sept cent trente-quatre , le 17 Mars avant midi , & ont signé. *Signé*, Jean Dorigny, Nicolas Bouillerot , Jean Bouillerot,
N. Gouault , Nicolas Bouillerot , G. Michelin , Josset, Louis
Genneau , Louis Genneau , Bouillerot & Genneau , M. Bouillerot , Liénard , Edme-François Huguet , Bouillerot , Long-
champs , Michel Genneau , Pierre Bouillerot , Etienne Bouillerot , Nicolas Miller , J. Michelin , Pierre Bouillerot , Baptiste
Genneau , G. Bouillerot , N. Bouillerot , Joseph Bouillerot , Jean
Juget , J. F. Huguet , T. Huguet , T. Huguet , M. Chevalier ,
B. Bouillerot , J. Boudon , Josset , Louis Goueault , Dorigny ,
Bouillerot , Duperay , Bouillerot , Duffaroin , Regnault , Michelin. Scellé lesdits jour & an.

Vû par Nous René Hérault , Chevalier , Seigneur de Fontaine-
l'Abbé , Vaucresson & autres lieux , Conseiller d'Etat , Lieutenant-Général de Police de la Ville , Prévôté & Vicomté de Paris ,
& François Moreau , Chevalier , Conseiller du Roi en ses Conseils
d'Etat , Privé , Honoraire en sa Cour de Parlement , Procureur de
Sa Majesté au Châtelet de Paris , premier Juge conservateur des
Priviléges des Corps des Marchands , Arts , Métiers , Maîtrises &
Jurandes de la Ville , Fauxbourgs & Banlieue de Paris , les nouveaux Statuts présentés au Conseil par la Communauté des Maîtres , Marchands Tanneurs , Hongroyeurs de la Ville & Fauxbourgs de Paris , contenant dix-sept Articles.

Notre avis est , sous le bon plaisir du Roi , que lesdits nouveaux
Statuts ne contenant rien qui soit contraire aux Réglemens de
Police & au bien public , peuvent être accordés. Fait ce dix-neuf
Juin mil sept cent trente-quatre. *Signé*, HERAULT , &
MOREAU.

Régistré , oui le Procureur-Général du Roi , pour jouir par lesdits impétrans & ceux qui leur succéderont en ladite Commu-

nauté de leur effet & contenu , & être exécuté selon leur forme &
teneur, conformément & aux charges portées par l'Arrêt de ce
jour. A Paris en Parlement , ce vingt-trois Janvier mil sept cent
quarante & un , *signé* , DU FRANC , avec paraphe.

LOUIS par la grace de Dieu Roi de France & de Navarre : A tous présens & à venir, SALUT. Nos bien Amés les
Maîtres , Marchands Tanneurs , Hongroyeurs de la Ville &
Fauxbourgs de Paris , nous ont fait représenter que leur Communauté a, jusqu'à présent, été régie & gouvernée suivant les Statuts
& Réglemens qui lui furent anciennement accordés : mais que
lors de ces anciens Statuts, il n'avoit pas été possible de prévoir
les abus qui se sont depuis introduits, & qui ont donné lieu à diffé-
rentes contestations , & aux Procès que les Exposans ont été obli-
gés de soutenir ; en sorte que les Exposans ont cru qu'il étoit nécessaire pour le service du Public , & pour l'avantage particulier
de leur Communauté, qu'ils fissent comprendre, dans un nouveau
cahier, tout ce qui pourroit arrêter le cours des abus , & entrete-
nir parmi eux le bon ordre & la police ; & pour cet effet ils ont
dressé de nouveaux Statuts & Réglemens contenus en dix-sept
Articles,dont ils Nous ont fait supplier de leur accorder nos Lettres de confirmation qui puissent en assurer pour toujours l'exécution & effet.A CES CAUSES,voulant favorablement traiter les Exposans, & leur procurer les moyens de retirer, de l'exécution de ces
Statuts & Réglemens, l'avantage & l'utilité qu'ils en attendent ;
Nous avons , de notre grace spéciale, pleine puissance & autorité
Royale, permis , permettons & accordons par ces Présentes si-
gnées de notre main auxdits Exposans,de continuer de former entr'eux un Corps de Communauté de Maîtres , Marchands Tanneurs, Hongroyeurs de la Ville & Fauxbourgs de Paris, de nom-
mer & élire des Jurés & Syndics de la probité & de la capacité requises pour le service & la conservation de lad. Communauté, lesquels , après le serment par eux prêté en la maniere accoutumée ,
feront les visites & autres fonctions nécessaires, & tiendront la
main à l'exécution desd. Statuts & Réglemens contenus en 17
Articles,& ci-attachés sous le contre-scel de notre Chancellerie ,
lesquels Statuts & Réglemens Nous avons , des mêmes gra-
ces , pouvoir & autorité que dessus , approuvés, confirmés &
autorisés ,

autorisés, approuvons, confirmons & autorisons par cesdites présentes; voulons & Nous plaît qu'ils soient gardés, observés & exécutés selon leur forme & teneur par les Exposans, leurs Successeurs & tous autres, sans qu'il y soit, en aucune façon, contrevenu; pourvû toutefois qu'en iceux il n'y ait rien de contraire à nos Ordonnances, & de préjudiciable à nos droits, & à ceux d'autrui. Si donnons en Mandement à nos amés & féaux-Conseillers les Gens tenans notre Cour de Parlement à Paris, au Prevôt dudit lieu ou son Lieutenant-Général de Police, & autres nos Officiers & Justiciers qu'il appartiendra, que ces Présentes ils ayent à faire régistrer, & de leur contenu jouir & user lesdits Exposans & leurs Successeurs pleinement, paisiblement & perpétuellement, cessant & faisant cesser tous troubles & empêchemens contraires : Car tel est notre plaisir; & afin que ce soit chose ferme & à toujours, Nous avons fait mettre notre scel à ces Présentes. DONNÉES à Versailles au mois de Décembre, l'an de grace mil sept cent trente-quatre, & de notre regne le vingtiéme. *Signé*, LOUIS, par le Roi. *Signé*, PHÉLIPPEAUX. Régistré ; OUI le Procureur Général du Roi, pour jouir par lesdits Impétrans & ceux qui leur succéderont en ladite Communauté de leur effet & contenu, & être exécutées selon leur forme & teneur, conformément & aux charges portées par l'Arrêt de ce jour. A Paris en Parlement le vingt-trois Janvier mil sept cent quarante & un. *Signé*, DUFRANC. Visa, *Signé*, CHAUVELIN, pour confirmation des Statuts aux Tanneurs de Paris.

LOUIS, par la grace de Dieu Roi de France & de Navarre : au premier des Huissiers de notre Cour de Parlement, ou autre Huissier, ou Sergent, sur ce requis ; sçavoir faisons, qu'entre les Jurés & Communauté des Maîtres Tanneurs, Hongroyeurs de la Ville & Fauxbourgs de Paris, Demandeurs en leurdite Requête du 21 Avril 1735 d'une part, & les Jurés en Charge & Communauté des Maîtres Corroyeurs de ladite Ville & Fauxbourgs de Paris, Deffendeurs d'autre; & entre lesdits Jurés & Communauté des Tanneurs, Hongroyeurs de Paris, Demandeurs en leurd. Requête du 21 Avril 1735 d'une part, & les Jurés en charge & Communauté des Maîtres Bourliers de lad. Ville, Deffendeurs d'autre; & entre lesd. Jurés & Communauté des Tanneurs, Hongroyeurs de Paris, Demandeurs en Requête & Exploit du 3 Mars 1736 d'une part, & les Syndics, Jurés en Charge & Communauté des Maîtres Cordonniers de la même Ville, Défendeurs d'autre ; & entre lefdits Jurés & Communauté des Bourliers , Bâtiers , Hongroyeurs de Paris , Demandeurs en Requête du 29 Décembre 1739 d'une part , & lefdits Jurés & Communauté des Tanneurs de ladite Ville, Défendeurs d'autre; & entre les Syndics , Jurés & Communauté des Cordonniers de lad. Ville , Demandeurs en Requête du 14 Janvier 1740 d'une part, & lefd. Jurés & Communauté des Tanneurs, Défendeurs d'autre; & entre lefd. Jurés & Communauté des Maîtres Bourliers, Bâtiers, Hongroyeurs de Paris , Demandeurs en Requête du 27 Février 1740 d'une part , & lefdits Jurés & Communauté des Tanneurs de ladite Ville , Défendeurs d'autre ; & encore entre lefdits Jurés en Charge & Communauté des Maîtres Tanneurs , Hongroyeurs de ladite Ville & Fauxbourgs de Paris , Demandeurs en Requête du 5 Avril 1740 d'une part , & lefdits Jurés & Communauté des Maîtres Bourliers , Bâtiers & Hongroyeurs de la même Ville , Défendeurs d'autre part. Vu par notredite Cour , la demande & Requête defdits Jurés en Charge & Communauté des Maîtres & Marchands Tanneurs , Hongroyeurs à Paris du 21 Avril 1735 , à ce que, fans s'arrêter aux oppofitions formées à l'enrégiftrement des Lettres-Patentes & nouveaux Statuts dont eft queftion , par les Communautés des Bourliers & Corroyeurs de Paris , dont elles feroient déboutées , Il fût donné acte auxdits Maîtres & Communauté des Tanneurs auxdits noms de la déclaration qu'ils faifoient , qu'ils n'avoient entendu & n'entendoient pas fe fervir contre la Communauté des Bourliers , des défenfes générales portées par l'article XI des nouveaux Statuts ; en conféquence les Lettres-Patentes & nouveaux Statuts fuffent enterrinés felon leur forme & teneur;& attendu que les Bourliers & Corroyeurs n'ont eu aucun motif ni moyens folides pour autorifer leur oppofition audit enrégiftrement , ils fuffent condamnés en tels dommages & intérêts qu'il plairoit à notre Cour d'arbitrer , & aux dépens. Arrêt du 26 Janvier 1736 qui , fur les demandes refpectives & leurs défenfes , les auroit appointé en droit. Production des Parties en exécution dudit Arrêt , celle defdits Maîtres Corroyeurs , Baudroyeurs en fuif , graiffe & huile de Paris , par Requête du 23 Juin 1736 , employée pour défenfes & avertiffemens , & contenant demande à ce qu'il fût donné acte auxdits Corroyeurs de la déclaration faite par les Tanneurs par leur Requête du 21 Avril 1735 , qu'ils n'entendoient pas fe fervir des défenfes générales portées par l'article XI de leurs nouveaux Statuts ; en conféquence il fût ordonné que la difpofition

de l'article XI. ne pourra nuire ni préjudicier aufdits Corroyeurs,
qui demeureroient conservés dans tous leurs droits & privileges de
corroyer feuls en fuif, graiffe & huile toutes fortes de Cuirs tannés,
avec deffenfes aux Tanneurs de les y troubler, & iceux condamnés aux dépens qu'ils ont occafionnés; fur laquelle Requête la
Cour, par fon Ordonnance étant au bas, auroit réfervé à faire
droit fur ladite demande en jugeant. Requête defdits Jurés &
Communauté des Tanneurs du 17 Juillet 1736. employée en
exécution dudit Arrêt pour contredits contre la production des
Jurés & Communauté des Corroyeurs du 21 du même mois de
Juillet, employée pour contredits contre la production des Tanneurs, & falvations aux contredits portés par leur précédente Requête : Arrêt du douze Avril 1736. qui en ce qui concerne la
Communauté des Bourliers de Paris auroit appointé les Parties en
droit, & joint à l'inftance, pour être fur le tout conjointement
fait droit. Productions des parties en exécution dudit Arrêt, celle
defdits Jurés & Communauté des Tanneurs, par Requête du 27
Avril 1736. employée pour avertiffement, & icelle defdits Bourliers, par Requête du 26 Juillet fuivant auffi employée pour avertiffement, caufes & moyens d'oppofition, fervant de contredits
de production fournie le 15 Avril 1737. par la Communauté des
Bourliers de Paris, en exécution du même Arrêt : Reponfes auf-
dites caufes & moyens d'oppofition, fervant de contredits de production & de falvations, fournies le premier Juillet 1737. par ladite Communauté des Tanneurs : Requête, demande defdits Jurés & Communauté des Tanneurs du 3 Mars 1736. aux fins de
faire affigner en notredite Cour les Syndics, Jurés & Communauté des Maîtres Cordonniers de Paris, pour voir déclarer commun
avec eux l'Arrêt qui interviendroit entre lefd. Communautés des
Bourliers & des Tanneurs fur les oppofitions formées à la requête
des Maîtres Corroyeurs & Bourliers, entre les mains du Procureur Général du Roi, & à l'enregiftrement des Statuts & Lettres
Patentes dont il s'agit, & fur la demande defdits Tanneurs, portée
par leur Requête du 21 Avril 1736. lequel feroit déclaré commun avec les Maîtres de la Communauté des Cordonniers ; ce
faifant, voir dire qu'ils feroient déboutés de l'oppofition par eux
formée par leur Procès verbal du 9 Mars de la même année 1735.
à l'article VII de ces mêmes Statuts, en conféquence qu'elles
feroient exécutées felon leur forme & teneur, & condamnés aux
dépens ; au bas de laquelle Requête eft l'ordonnance de notre-

dite Cour, portant soient parties appellées. Exploit d'assignation du même jour donné en notredite Cour, en vertu desdites Requêtes; Ordonnance à la requête desdits Jurés & Communauté des Tanneurs aux Jurés en charge & Communauté des Maîtres Cordonniers de Paris, à comparoître en icelle pour y répondre & procéder sur & aux fins de ladite Requête, circonstances & dépendances, & en outre afin de dépens; exceptions fournies le 10 Avril 1736. par les Syndics & Jurés en charge de la Communauté des Cordonniers, contre la demande précedente & repliques à icelles desdits Tanneurs, du même mois: Fins de non-recevoir & deffenses des Maîtres & Communauté des Cordonniers, contre la Requête & Exploit desdits Tanneurs du 3 Mars 1736. par leurs écritures signifiées le 28 Mai suivant; les repliques à icelles desdits Jurés & Communauté des Tanneurs, fournies le 30 du même mois. Arrêt du 16 Juin 1736. qui sur la demande, auroit appointé les parties en droit & joint à l'instance, pour être sur le tout conjointement fait droit: Production des Parties en exécution dudit Arrêt, celle desdits Jurés & Communauté des Maîtres Tanneurs, par Requête du 2 Juillet 1736. employée pour avertissement; celle desdits Syndics, Jurés & Communauté des Cordonniers, par Requête du 11 Mars 1737. employée pour avertissement. Contredits de production servans de plus amples avertissemens, fournis le 7 Janvier 1740. par les Syndics, Jurés & Communauté des Cordonniers: Production nouvelle des Jurés & Communauté des Tanneurs, par Requête du 13 Juillet 1736. Sommation aux Syndics, Jurés & Communauté des Cordonniers de fournir à icelle de contredits: Autre production nouvelle desdits Jurés & Communauté des Tanneurs, par Requête du 30 Mars 1737. employée pour salvations aux contredits des Corroyeurs, portés par leur Requête du 21 Juillet précedent Sommation aux Jurés & Communauté des Maîtres Corroyeurs, de fournir de contredits contre ladite production nouvelle: Requête & demande des Jurés & Communauté des Maîtres Bourliers de Paris du 29 Décembre 1739. à ce que sans s'arrêter à la demande des Tanneurs, portée par leur Requête du 21 Avril 1735. dont ils seroient déboutés, lesdits corps & Communauté des Bourliers fussent maintenus & gardés dans les droits & possessions où ils sont par l'article XX. de leurs Statuts, de faire la visite des Cuirs à leur usage apportés par les Marchands Forains, & par l'Art. XXXI. de faire & de fabriquer pour leur usage les

Cuirs d'Hongrie & autres qu'ils employent. Faifant droit fur l'oppofition par eux formée le 9 Février 1735. à l'enregiftrement demandé en notredite Cour par les Maîtres Tanneurs des nouveaux
Statuts de leur Communauté, il fût ordonné. 1°Que la difpofition
de l'article VIII. defd. nouveaux Statuts portant, qu'il leur fera permis de vifiter les Cuirs d'Hongrie apportés par les Marchands Forains
feroit & demeureroit fupprimé. 2°. Que la difpofition de l'art. IX.
defdits nouveaux Statuts des Maîtres Tanneurs portant que lefd.
Jurés Tanneurs feront autorifés à faire la vifite chez lefd. Bourliers,
en prennant toutefois l'Ordonnance du Lieutenant de Police, feroit
& demeureroit pareillement fupprimée comme étant contraire aux
droits qui n'appartiennent qu'aux Jurés Bourliers, d'aller en vifite
chez les Maîtres de ladite Communauté des Bourliers. 3°. Que l'article XI. defdits nouveaux Statuts des Maîtres Tanneurs, feroit &
demeureroit pareillement fupprimé, en ce qu'il eft expreffément défendu par ledit article à toutes perfonnes fans diftinction dans la Ville
& Fauxbourgs de Paris & autres lieux, autres qu'aufd. Maîtres Tanneurs, Hongroyeurs, de fabriquer & faire fabriquer des cuirs d'Hongrie, en conféquence qu'il feroit ajouté audit article, les termes fuivans (à l'exception néanmoins des Maîtres & Veuves de la Communauté des Maîtres Bourliers) lefdits Jurés & Communauté des Maîtres Tanneurs fuffent condamnés aux dépens, au bas de laquelle Requête employée pour écritures & production fur ladite demande eft
l'Ordonnance de notredite Cour, qui l'a réglée en droit & joint, &
donné acte de l'emploi y porté. Production nouvelle defdits Jurés
& Communauté des Bourliers par la même Requête. Contredits,
contre icelle des Jurés & Communauté des Tanneurs par leur Requête du 1 Février 1740. employée pour défenfes à la précédente
demande, avertiffement, écriture & production fur icelles, mêmes
contredits, contre l'emploi de production y portée en exécution de
l'Ordonnance de notredite Cour, appofée au bas d'icelle Requête
des Jurés & Communauté des Bourliers du 14 Mars 1740. employée
pour falvations aux contredits portés par la précédente Requête,
enfemble pour repliques aux défenfes y contenues & contredits contre l'emploi de production y portée. Requête & demande des Jurés, Syndics, & Communauté des Maîtres Cordonniers, du 14
Janvier 1740. tendante à ce qu'en ce qui concerne la claufe de
l'art. VII. defdits Statuts, portant que tous les Jurés feront tenus
de fe trouver à la Halle pour vifiter & marquer les cuirs qui y feroient apportés tant ceux de la Ville de Paris, que ceux du dehors,

sans prendre aucun droit, & en ce que par l'article VIII. il est dit
que les Cuirs de Hongrie ne seront apportés à la Halle, & que les
Jurés se transporteront une fois le mois au moins chez les Tanneurs
pour visiter & examiner lesdits Cuirs ; ayant égard à l'opposition
formée par lesdits Syndics, Jurés & Communauté des Maîtres Cordonniers, à l'enregistrement des Lettres Patentes, pour la confirmation des nouveaux Statuts, il fût ordonné que lesdits Statuts ne
seroient enregistrés qu'à la charge que les droits attribués aux Jurés Cordonniers par l'Article XXXIII. des Statuts de leur Communauté pour la marque des Cuirs continueront de leur être payés,
& en outre que les Tanneurs seront tenus de transporter à ladite
Halle, les Cuirs d'Hongrie & tous autres Cuirs pour y être visités
& marqués en la maniere accoutumée, sans que les Jurés Cordonniers soient tenus de se transporter chez eux, au bas de laquelle Requête employée pour plus ample avertissement, écritures & production sur ladite demande, est l'Ordonnance de notredite Cour, qu'il
a réglée en droit & joint, & donné acte de l'emploi y porté. Contredits de production, servans de salvations à réponses, à moyens
d'opposition fournis le 12 Février 1740. par les Jurés & Communauté des Bourliers, en exécution de Réglement intervenu en l'instance. Requête des Jurés & Communauté des Maîtres Tanneurs du 4
Mars 1740. employée pour salvations aux précédens contredits, ensemble pour réponses aux Salvations y portées. Requête des Jurés
& Communauté des Maîtres Bourliers, du 10 dudit mois de Mars,
employée pour réponses à celle des Tanneurs du 4 du même mois.
Production nouvelle des Syndics, Jurés & Communauté des Maîtres Cordonniers, par Requête du 14 Janvier 1740. & contredits,
contre icelle des Jurés & communauté des Tanneurs, par Requête
du 6 Février suivant, employée pour satisfaire aux Arrêts & Réglemens de la Cour, pour salvations & contredits, de production desdits Jurés & Communauté des Cordonniers. Requête & demande
des Jurés & Communauté des Maîtres Bourliers du 27 Février audit
an 1740. à ce qu'en rectifiant & augmentant aux conclusions par
eux prises en l'instance contre lesdits Corps & Communautés des Tanneurs, sans s'arrêter à leur demande du 21 Avril 1735, ni à tout
ce qui a été dit, écrit & produit de leur part dont ils seroient déboutés, lesdits Jurés & Communauté des Maîtres Bourliers, fussent
maintenus & gardés dans les droits & possessions où ils sont par l'article XXI. de leurs Statuts de faire la visite des Cuirs à leur usage
apportés par les Marchands Forains, & de faire conformément à

l'Article XXXII, & fabriquer pareillement pour leur ufage les Cuirs
d'Hongrie, & autres qu'ils employent; faifant droit fur l'oppofition
par eux formée le 9 Février 1735 , à l'enrégiftrement demandé en
notredite Cour par les Tanneurs des nouveaux Statuts de leur Communauté, enfemble que, fur ladite demande, il fût ordonné. 1°. Que
la difpofition de l'Article IX des nouveaux Stetuts des Tanneurs ,
portant qu'il leur feroit permis de vifiter les Cuirs d'Hongrie, apportés par les Marchands Forains , feroit & demeureroit fupprimé. 2°.
Que la difpofition de l'Article X des nouveaux Statuts des Tanneurs ,
portant, & feront lefd. Jurés Tanneurs, autorifés à faire la vifite chez
les Bourliers, en prenant toutefois l'Ordonnance du Lieutenant de
Police , feroit & demeureroit pareillement fupprimé comme étant
contraire aux droits qui n'appartiennent qu'aux Jurés de la Communauté defd. Bourliers, d'aller en vifite chez les Maîtres de leur Communauté. 3°. Que l'Article XI defdits nouveaux Statuts des Ta-
neurs feroit & demeureroit réformé, en ce qu'il eft défendu à toutes
perfonnes fans diftinction dans la Ville & Fauxbourgs de Paris, & autres lieux, autres qu'aux Maîtres Tanneurs, de fabriquer & faire fabriquer les Cuirs d'Hongrie ; en conféquence qu'il feroit ajouté audit Article les termes fuivans (à l'exception néanmoins des Maîtres & Veuves de la Communauté defd. Bourliers) comme auffiil
fût ordonné que les Articles VII & IX defdits nouveaux Statuts
des Tanneurs feroient & demeureroient réformés , en ce que , par
l'Article VII des Marchandifes tannées , font dites devoir être vues
& vifitées par lefd. Maîtres Tanneurs , & en ce que , par les Corroyeurs & les Cordonniers de Paris , auront le droit de préférence
& de retenue fur lefdites Marchandifes, en payant le même prix que
celui porté par la déclaration du vendeur & acheteur ; & que , par
l'Article XI, lefd. Jurés & Communauté des Bourliers font compris dans les défenfes générales pour la fabrication des Cuirs tannés ;
en conféquence il fût ordonné qu'il feroit ajouté audit Article VII
defd. nouveaux Statuts des Tanneurs , que la vifite defd. Marchandifes tannées feroit faite par lefdits Jurés & Communauté des
Bourliers , lefquels auroient, avec les Corroyeurs, Cordonniers, le
droit de préférence & retenue fur icelles ; & qu'audit Article XI il
feroit pareillement ajouté, par rapport à la fabrication defdits Cuirs
tannés , à l'exception defd. Corps & Communauté des Bourliers &
des Veuves des Maîtres de leur Communauté, & que lefd. Tanneurs
fuffent condamnés en tous les dépens , même en ceux de lad. demande. Au bas de laquelle Requête employée pour écriture & pro-

duction sur icelle est l'Ordonnance de notredite Cour qui l'a réglée
en droit & joint, & donné acte de l'emploi y porté. Requête des Jurés
& Communauté des Maîtres Tanneurs du 23 Mars 1740, employée
en exécution de ladite Ordonnance pour défenses, avertissemens
écritures & production sur la précédente demande, & tendante à
ce que, par l'Arrêt qui interviendroit sans, s'arrêter aux nouvelles
demandes portées par ladite Requête du 27 Février précédent,
dont les Bourliers seroient déboutés, les conclusions prises en l'instance par lesd. Corps & Communauté des Tanneurs, leur fussent
adjugées, & lesd. Bourliers condamnés aux dépens, même en ceux
des demandes, & de lad. Requête ; sur laquelle notredite Cour, par
son Ordonnance, étant au bas, auroit réservé à faire droit sur la
demande y portée en jugeant. Requête des Jurés & Communauté
des Maîtres Bourliers du 30 Mars 1740, employée pour repliques
aux défenses portées par la précédente Requête ; ensemble pour
contredits contre l'emploi de production y porté : Requête desd.
Jurés & Communauté des Tanneurs du 11 Avril 1740, employée
pour réponses à la précédente, ensemble pour salvations aux contredits énoncés. Requête des Jurés & Communauté des Bourliers du
7 Mai audit an, employée pour réponse à la précédente Requête des
Jurés & Communauté des Tanneurs du 3 Mars 1740, employée
pour satisfaire aux Arrêts, Ordonnances & Réglemens intervenus
en l'instance, pour contredits contre les productions faites par les
Corroyeurs, salvations, Requête & demande desd. Jurés en Charge & Communauté des Tanneurs du 5 Avril 1640, en ce qu'en augmentant & rectifiant, en tant que besoin, les conclusions par eux prises par leur Requête du 21 Avril audit an 1735, en l'instance d'entr'eux d'une part, les Jurés & Communauté des Bourliers, Corroyeurs & Cordonniers, & expliquant la déclaration faite par la même Requête, il leur fût donné acte de la déclaration qu'ils ont faite,
& qu'ils réitérent qu'ils n'ont jamais entendu & n'entendent point
encore que les défenses générales, portées par l'Article XI des Statuts de l'enrégistrement desquels il s'agit, eussent aucun rapport,
& puissent nuire ni préjudicier à la liberté accordée aux Bourliers personnellement par l'Article IX de ces mêmes Statuts, de faire & fabriquer du cuir d'Hongrie pour leur usage seulement, sans qu'ils
puissent en vendre à qui que ce soit, ni en faire aucun commerce ;
mais que les défenses générales ne sont faites que pour obvier aux
abus qui se commettent journellement par les Bourliers & autres
prêtans leur nom à gens sans qualité, pour fabriquer les cuirs d'Hongrie

grie au préjudice du Corps & Communauté desd. Maîtres Tanneurs ; ce faisant, attendu que ces défenses sont, tant pour les Bourliers & autres, que pour les Tanneurs, & qu'il ne seroit point juste
d'en excepter les Bourliers, tandis qu'elle subsisteroit pour le Corps
& Communauté des Tanneurs, il fût ordonné par l'Arrêt qui interviendroit, que les Articles IX & XI des Statuts dont il s'agit, seroient
exécutés selon leur forme & teneur, tant par rapport à la permis-
sion accordée aux Bourliers par l'Article IX, de fabriquer du cuir
d'Hongrie pour leur usage seulement, qu'à l'égard des défenses générales, portées par l'Article XI à toutes personnes, sans exception
de prêter leur nom, directement ni indirectement, à qui que ce soit,
pour faire led commerce de cuir d'Hongrie, sous les peines y portées,
& lesd. Bourliers fussent condamnés aux dépens, au bas de laquelle
Requête employée pour avertissement, écritures & production sur
ladite demande, est l'Ordonnance de notredite Cour qui l'a réglée
en droit & joint, & donné acte de l'emploi y porté. Requête
desd. Jurés & Communauté des Maîtres Bourliers du 7 Avril
1740, employée pour fins de non-recevoir, défenses, écritures &
production sur la demande précédente, en exécution de l'Ordonnance de notredite Cour, apposée sur icelle. Requête desd. Jurés & Communauté des Maîtres Tanneurs, employée pour réponses à la précédente. Acte de rédistribution de l'instance, sommation générale de satisfaire à tous les Réglemens de notredite
Cour intervenus en icelle : Conclusions du Procureur Général
du Roi; tout joint & considéré. NOTREDITE COUR faisant droit
sur le tout, donne Acte aux Jurés & Communauté des Tanneurs, Hongroyeurs de cette Ville & Fauxbourgs de Paris, de leur
déclaration portée par Requêtes des 21 Avril 1735, & cinquième
Avril dernier, qu'ils n'ont entendu & n'entendent pas se servir contre la Communauté des Maîtres Bourliers, des défenses générales, portées par l'Article XI de leurs Statuts, du 17 Mars 1734,
confirmées par Lettres-Patentes du mois de Décembre suivant ; ce
faisant, sans s'arrêter aux oppositions formées, tant par lesd. Jurés & Communauté des Bourliers, que par les Jurés & Communauté des Corroyeurs, Baudroyeurs & les Jurés & Communauté
des Cordonniers, ni à leurs demandes dont ils sont déboutés ;
ayant aucunement égard aux demandes des Jurés & Communauté des Tanneurs, Hongroyeurs : Ordonne qu'il sera passé outre, si faire se doit, à l'enrégistrement desd. Lettres-Patentes,
à la charge que les défenses générales, exprimées par ledit Article XI, ne pourront regarder les Maîtres & Veuves de ladite

C

Communauté des Bourliers, lesquels, conformément à la liberté qui leur est accordée personnellement par l'article IX. desdits Statuts, pourront faire & fabriquer du cuir de Hongrie pour leur usage seulement, & employer, conformément à l'article XXXI. de leurs Statuts, tous cuirs, bœuf, vache, veau, pourceau & tous autres cuirs, tânt renvoi que marqué à faux fer, cuir de cheval tanné, que Hongrie, sans cependant que pour la fabrication du cuir de Hongrie, ils puissent prêter leur nom directement, ni indirectement, ni en faire aucun commerce, & en vendre à qui que ce soit, & aussi sans que sous ce prétexte dudit Article XI. l'on puisse empêcher lesdits Corroyeurs, Baudroyeurs, de travailler des cuirs tannés ; sur le surplus des autres demandes, fins & conclusions, met les Parties hors de Cour ; condamne lesdits Jurés & Communautés desdits Bourliers, Corroyeurs & Cordonniers, chacun à leur égard, en tous les dépends envers lesdits Jurés & Communauté des Tanneurs, Hongroyeurs. Te mandons mettre le présent à exécution selon sa forme & teneur, de ce faire te donnons pouvoir : DONNE' en notredite Cour de Parlement le 9 Mai, l'an de grace 1740. & en notre regne le vingt-cinquiéme. Collationné. *Signé* DAY, avec paraphe. Par la Chambre. *Signé* DUFRANC, avec paraphe. Le 22 Novembre 1740. signifié à M. Piedfort de S. Etienne, Renard, Procureurs. par nous Huissier soussigné. *Signé* POL, avec paraphe.

EXTRAIT DES REGISTRES DE PARLEMENT.

VEU par la Cour les Lettres Patentes du Roi, données à Versailles au mois de Décembre 1734. *Signé* Louis, & sur le replis, par le Roi, Phelippeaux, & scellées en lacets de soye rouge & verte du grand Sceau de cire verte, obtenues par les Maîtres & Marchands Tanneurs de la Ville & Fauxbourgs de Paris, par lesquelles, pour causes y contenues, le Seigneur Roi a permis & accordé aux Impétrans de continuer de former entr'eux un Corps de Communauté de Maîtres Marchands Tanneurs, Hongroyeurs de cette Ville & Fauxbourgs de Paris, de renouveller & élire des Jurés & Syndics de probité & capacité requises pour le service & la continuation des droits de ladite Communauté, lesquels, après le serment par eux prêté en la maniere accoutumée, feront les visites & autres fonctions nécessaires, & tiendront la main à l'exécution desd. Statuts & Réglemens contenus en 17 Articles attachés sous le contre-scel desdites Lettres, lesquels Statuts & Réglemens ledit Seigneur Roi a approuvés, confirmés & autorisés. Veut & lui plaît qu'ils soient gardés selon leur forme & teneur par lesdits Impétrants, leurs Successeurs & tous autres, sans qu'il y soit en aucune façon contrevenu; pourvû toutefois qu'en iceux il n'y ait rien de contraire aux Ordonnances dudit Seigneur Roi, de préjudiciable à ses droits & à ceux d'autrui, & ainsi qu'il est plus au long contenu esdites Lettres Patentes à la Cour addressantes: lesdits Statuts en 17 Articles, dont le premier porte, que personne ne pourra être reçu Maître Tanneur, Hongroyeur de la Ville, Fauxbourgs & Banlieue de la Ville de Paris, qu'il n'ait fait apprentissage au moins cinq ans chez un desdits Maîtres de ladite Communauté, & qu'il n'ait depuis servi chez lesdits Maîtres en qualité de compagnon au moins deux ans, & n'ait fait chef d'œuvre en présence des Jurés, & des quatre anciens Maîtres. 2°. Qu'aucun Maître Tanneur ne pourra avoir plus d'un apprentif, qui s'obligera par acte passé pardevant Notaire en présence des Jurés, lequel acte sera registré sur le Livre de la Communauté dans la quinzaine, en payant par ledit apprentif la somme de 50 liv. à la Communauté, non compris les droits de l'Hôpital & autres, conformément à la Déclaration du Roi, du 12 Octobre 1692. 3°. Que si pendant le temps dudit apprentissage le Maître vient à mourir, il sera permis à sa veuve, en cas qu'elle continue le commerce, de retenir l'apprentif avec elle pour lui faire achever son temps, & si le Maître n'étoit que garçon, ou veuf, & qu'il vint à mourir, les Jurés auront soin de placer l'apprentif chez un autre Maître pour achever son temps d'apprentissage, sauf à l'apprentif son recours contre la succession de son premier Maître, au cas qu'il l'eût payé en entier, & eu égard au temps qui manqueroit à son apprentissage. 4°. Que lorsque l'apprentif aura fait son temps & qu'il aura servi les Maîtres en qualité de compagnon pendant deux ans, il ne sera reçu Maître qu'en faisant chef-d'œuvre, & en payant à ladite Communauté la somme de 600 livres, non compris les frais de réception, Lettres de Maîtrises & autres droits accoutumés, conformément à la susdite Déclaration. 5°. Que les Fils de Maîtres, dont les peres auront passé les charges, seront reçus en payant à ladite Communauté la somme de 50 livres; que ceux dont les peres n'auront point passé les Charges, payeront 200 livres, non compris les autres droits, le tout conformément à la Déclaration de 1692. 6°. Que la Communauté continuera d'élire tous les ans, à la pluralité des voix, en présence du Substitut du Procureur-Général du Roi au Châtelet, en la maniere accoutumée , un Juré au lieu & place de celui qui fortira , enforte qu'il y ait toujours deux Jurés en place. 7°. Que toutes les marchandi-fes tannées , tant bœuf, que vache, veau & bazannes , feront por-tées à la Halle au cuir , pour y être vues , vifitées , marquées & ven-dues au plus offrant , dernier Encherifleur , à tous marchands qui fe préfenteront , tant de la Ville , que de la Campagne ; qu'à cet effet les Jurés feront tenus de fe trouver à la Halle pour vifiter & marquer, tant lefdites marchandifes, que celles qui feront apportées de dehors , fans prendre aucun droit. Auront cependant les Bourliers, Corroyeurs & Cordonniers de Paris le droit de préférence & de re-tenue fur toutes les marchandifes, en payant le même prix que celui porté par la déclaration de l'acheteur & des vendeurs. 8°. Que comme le cuir d'Hongrie , dont l'ufage eft devenu fi néceffaire & fi utile au public , fe trouve demander un aprêt différent des cuirs tannés & de nature à ne pouvoir être transportés à la Halle fans perdre fa fleur & fa qualité , lefdits Jurés fe transporteront chez lefdits Maîtres au moins une fois le mois pour faire leur vifite & examiner s'ils employent les matieres convenables à la fabrique du-dit cuir d'Hongrie , comme alun , bon fuif , fel tel qu'on le dif-tribue à la Gabelle une fois le mois , & en cas de contravention , lefdites marchandifes & matieres feront faifies & confifquées au profit de ladite Communauté. 9°. Qu'il fera permis aux Bourliers , conformément à l'art. 31 de leurs Statuts , de fabriquer du cuir d'Hongrie pour leur ufage feulement fans qu'ils en puiffent vendre à qui que ce foit , ni en faire aucun commerce , à peine de confifca-tion , & feront les Jurés Tanneurs autorifés à faire la vifite chez lefdits Bourliers , en prennant néanmoins l'Ordonnance du Lieute-nant-Général de Police. 10°. Que les Marchands forains ne pour-ront vendre les cuirs d'Hongrie qu'ils amenent à Paris, que préala-blement lefdits cuirs n'ayent été vifités par les Jurés , à peine de confifcation au profit de la Communauté & de 100 liv. d'amende. 11°. Qu'il eft défendu à toutes perfonnes , fans exception , dans la Ville , Fauxbourgs & Banlieue de Paris , lieux privilégiés ou pré-tendus tels , autres que lefdits Maîtres Tanneurs , de fabriquer ou faire fabriquer aucune forte de cuir , foit tanné , foit hongroyé , & défenfes font faites aufdits Maîtres Tanneurs ou veuves de prêter leurs noms directement ni indirectement à qui que ce foit pour faire ledit commerce , le tout à peine contre lefdits contrevenants de confifcation & de 100 liv. d'amende. 12°. Qu'il eft pareillement défendu à tous les Maîtres de ladite Communauté de débaucher les Compagnons des uns des autres, & nul n'en pourra prendre fans un congé ou confentement par écrit du Maître de chez qui le Compagnon fera forti, à moins qu'il n'eût été abfent de chez ledit Maître pendant fix mois, à peine de 100 liv. de dommage & interêts au profit du premier Maître, 50 liv. d'amende envers le Roi, & 20 liv. d'aumône au profit de l'Hôpital général, le tout payable par le fecond Maître & Compagnon folidairement. 13°. Qu'il eft défendu aufdits Maîtres Tanneurs de faire enlever aucun cuir provenant des abbatis des Bouchers, s'ils ne font pas loyaux & marchands, fans queues, mufles, pattes & os dans la tête, conformément aux anciens Réglemens ; & en cas de conteftation, les Jurés feront tenus d'intervenir & prendre le fait & caufe au nom de la Communauté pour faire obferver lefdits Réglemens. 14°. Que pareilles défenfes font faites à tous Tanneurs, tant de cette Ville de Paris, que forains & étrangers, d'acheter aucun cuir provenant de l'abatis d'un Boucher qui les auroit vendus à un autre par marché formé pour fix mois ou un an, & dont il y auroit marché par écrit bien & duement notifié ; à peine d'être refponfables folidairement avec le Boucher de toutes pertes, dépens, dommages & interêts, & fera permis audit cas au Tanneur qui fera fondé en marché, de faifir & revendiquer lefdits cuirs par tout où il les trouvera. 15°. Qu'il fera à l'avenir établi & loué aux frais de la Communauté un Bureau dans lequel tous les Maîtres feront tenus de s'affembler, fuivant le mandement du Juré comptable, pour délibérer & donner leur avis fur les affaires qui leur feront propofées concernant leur Communauté, à peine de trente fols d'amende contre les abfens, s'ils ne font point empêchés par maladie, ou ne juftifient d'autres excufes légitimes. 16°. Qu'il y aura dans led. Bureau un coffre ou armoire fermant à deux clefs, dont une fera remife au Juré comptable & l'autre au Doyen de la Communauté, dans lequel coffre ou armoire feront enfermés toutes les piéces & titres concernant la Communauté, & dont le Juré comptable fe chargera, au bas d'un bref inventaire, pour les remettre après fon année de Jurande à celui qui fera comptable après lui. 17°. Que lefdits Maîtres Tanneurs feront au furplus confervés & maintenus dans tous leurs droits, privileges & exemptions, conformément aux anciens Edits, Déclarations, Arrêts & Lettres Patentes qui leur auront été accordées par les Rois prédeceffeurs dudit Seigneur Roi regnant. Un Arrêt de la Cour rendu fur les Conclufions du Procureur-Général du Roi le 14 Janvier 1735. par lequel, avant de procéder à l'enregiftrement des Lettres Patentes & Statuts, elle auroit ordonné qu'ils feroient communiqués au Lieutenant-Général

de Police & au Subſtitut du Procureur-Général du Roi au Châtelet, pour donner leur avis ſur le contenu en iceux, leſquelles Lettres
& Statuts ſeroient auſſi communiqués à tous les Jurés & Communautés deſdits Impétrans, & aux Jurés en charge & autres des Communautés des Bourliers, Corroyeurs & Cordonniers de cette Ville
& Fauxbourgs de Paris, convoqués & aſſemblés en la maniere accoutumée par le Lieutenant de Police & Subſtitut du Procureur-
Général du Roi en icelle, pour donner tous leur conſentement à
l'enregiſtrementdeſd.Lettres & Statuts,ou y dire autrementce qu'ils
aviſeront bon être, pour le tout fait, rapporté & commuiqué au
Procureur-Général du Roi, être ordonné ce que de raiſon. L'Ordonnance dudit Lieutenant de Police du 29 Mars 1735,portant
la communication par lui priſe & par le Subſtitut du Procureur
Général du Roi au Châtelet deſdites Lettres Patentes & Statuts,
leur avis ſous le bon plaiſir de la Cour, qu'en exceptant les Bourliers des défenſes portées par l'art. 11, à toutes perſonnes, autres
que les Maîtres Tanneurs, de fabriquer ou faire fabriquer aucune
ſorte de cuirs ſoit tannés, ſoit hongroyés, & permettant auſdits
Bourliers d'en faire & fabriquer pour leur uſage ſeulement, ſans
qu'ils puiſſent en vendre ou faire aucun commerce.Leſd.LettresPa-
tentes & Statuts pourront être enregiſtrés ſans aucun inconvénient,
pour être au ſurplus exécutés ſelon leur forme & teneur, ne contenant rien qui ſoit contraire aux Réglemens de Police & au bien
public : & qu'il ſoit enjoint aux Jurés de ladite Communauté,
de tenir la main, & de les avertir exactement des contraventions
qui ſeront faites pour y être pourvû ainſi qu'il appartiendra ſuivant
l'exigence des cas. Un Procès-verbal dudit Lieutenant de Police
& du Subſtitut du Procureur Général du Roi au Châtelet du 28
Janvier 1735. contenant la communication deſdites Lettres Patentes & Statuts & exécution ; un autre Procès-verbal dudit Lieutenant-Général de Police, & du Subſtitut du Procureur Général
du Roi, au Châtelet, du 4 Mars 1735.contenant la comparution
pardevant eux des Jurés en charge de la Communauté des Bourliers, Baſtiers, Hongroyeurs de Paris, la Communication à eux
donnée deſdites Lettres Patentes & Statuts, & leur conſentement
à leur enregiſtrement & exécution : un autre Procès-verbal dudit
Juge & dudit Subſtitut du Procureur Général du Roi du 10 Mars
1735. contenant la comparution pardevant eux des Jurés du cuir
tanné de la Communauté des Maîtres Corroyeurs Baudroyeurs
de Paris ; la communication par eux priſe deſdites Lettres Patentes
& Statuts, & leur oppoſition à l'enregiſtrement, & exécution.

Un autre Arrêt de la Cour, contradictoirement rendu sur les conclusions du Procureur-Général du Roi, le 9 Mai 1740, entre lesdits Impétrans, Demandeurs en enrégistrement desdires Lettres-Patentes & Statuts d'une part, & les Jurés Bourliers, Cordonniers, Corroyeurs opposans audit enrégistrement, par exploit signifié au Procureur-Général du Roi, les 12 & 17 Février & 26 Avril 1735, Défendeurs d'autre part; par lequel ladite Cour, faisant droit sur le tout, avoit donné acte auxdits Impétrans de leur déclaration portée par Requête du 21 Avril 1735, & 5 Avril mil sept cent quarante, qu'ils n'avoient point entendu & n'entendoient point se servir contre la Communauté des Maitres Bourliers des défenses générales, portées par l'Article XI de leurs Statuts du 11 Mai 1734, confirmés par Lettres-Patentes du mois de Décembre suivant; ce faisant, que sans s'arréter aux oppositions formées, tant par lesdits Maitres & Communauté des Bourliers, que par les Communautés des Corroyeurs & Cordonniers, ni à leurs demandes dont ils sont déboutés, ayant aucunement égard aux demandes desd. Jurés & Communauté desd. Impétrans, auroit ordonné qu'il seroit passé outre, si faire se devoit, à l'enrégistrement desd. Lettres & Statuts; à la charge, que les défenses générales, exprimées par l'Article XI, ne pourroient regarder les Maitres & Veuves de ladite Communauté des Bourliers, lesquels, conformément à la liberté qui leur est accordée personnellement par l'Article IX desdits Statuts, pourroient faire & fabriquer du cuir d'Hongrie, pour leur usage seulement, & employer, conformément à l'Article XI de leurs Statuts, tout cuir, bœuf, vache, veau, pourceau, autre cuir, tant renvoi, que marqué à faux fer, cuir de cheval, qu'Hongrie; sans cependant que, pour la fabrication du cuir d'Hongrie, ils pussent prêter leurs noms directement, ni indirectement, & faire aucun commerce, & en vendre à qui que ce soit, & aussi sans que, sous prétexte dudit Article XI, l'on puisse empêcher les Corroyeurs, Baudroyeurs, de travailler des cuirs tannés; sur le surplus des autres demandes, fins & conclusions, auroit mis les Parties hors de Cour, & auroit condamné lesd. Jurés & Communauté desdits Bourliers, Corroyeurs & Cordonniers, chacun à leur égard, en tous les dépens envers lesdits Jurés & Communauté desdits Impétrans; ledit Arrêt signifié à Piedfort, de S. Etienne, & Regnard, Procureurs en la Cour, & desdits opposans, par Exploit de Pol, Huissier de ladite Cour, du 22 Décembre 1740; ensemble la Requête présentée à la Cour par lesdits Impétrans, à fin d'enrégistrement desd.

dites Lettres-Patentes & Statuts. Conclusion du Procureur-Général du Roi. Oui le rapport de Monsieur Louis-Charles-Vincent de Sallabery, Conseiller : TOUT CONSIDÉRÉ. LA COUR ordonne que lesdites Lettres-Patentes & Statuts seront enrégistrés au Greffe de la Cour, pour jouir par lesdits Impétrans & ceux qui leur succéderont en ladite Communauté, de l'effet & contenu en iceux, & être exécutés selon leur forme & teneur ; à la charge, conformément à l'Arrêt du 9 Mai 1740, que les défenses générales, exprimées en l'Article XI desdits Statuts, ne pourront regarder les Maîtres & Veuves de la Communauté des Bourliers, lesquels, conformément à la liberté qui lui a été accordée personnellement par l'Article IX desdits Statuts, pourront faire & fabriquer des cuirs d'Hongrie pour leur usage seulement, & employer, conformément à l'Article XXXI de leurs Statuts, tous cuirs, bœuf, vache, veau, pourceau & tous autres cuirs, tant renvoi, que marqués à faux fer, cuirs de cheval que d'Hongrie, sans cependant que, pour la fabrication du cuir d'Hongrie, ils puissent prêter leurs noms directement, ni indirectement, ni en faire aucun commerce, & vendre à qui que ce soit, & aussi sans que, sous le prétexte dudit Article XI, l'on puisse empêcher lesdits Corroyeurs & Baudroyeurs, de travailler des cuirs tannés, & qu'au surplus il soit enjoint aux Jurés de ladite Communauté, de tenir la main à l'exécution desdites Lettres-Patentes & Statuts, & d'informer exactement des contraventions qui seront faites, le Lieutenant-Général de Police, & le Substitut du Procureur-Général du Roi au Châtelet, pour y être pourvû suivant l'exigence des cas, ainsi qu'il appartiendra, conformément à l'avis desdits Officiers de Police, du 29 Mars 1735. Fait en Parlement, le 23 Janvier 1741, collationné, *Signé*, DAUVERGNE, avec paraphe, *Signé*, DUFRANC, avec paraphe, le 8 Février 1741, signifié à Mᵉ *Piedfort* de S. *Etienne*, *Fournier*, par nous Huissier soussigné. *Signé*, JANNEL, avec paraphe. Lesd. Arrêts signifiés aux Bureaux des Communautés des Bourliers, Cordonniers & Corroyeurs, par Exploits des 3 Décembre 1740 & 9 Février 1741, par Guiveaux & Jannel, Huissiers en la Cour.

De l'Imprimerie de LOTTIN, rue S. Jacques, au Coq; 1758.